NOUVEAU TABLEAU

DES

ESCOMPTES, TARES ET USAGES

POUR LES MARCHANDISES,

SUR LA PLACE DE PARIS.

NOUVEAU TABLEAU

DES

ESCOMPTES, TARES ET USAGES

POUR LES MARCHANDISES,

SUR LA PLACE DE PARIS;

RÉDIGÉ PAR LES COURTIERS DE COMMERCE;

APPROUVÉ

Par le Tribunal de commerce et la Chambre de commerce; et publié en vertu de la décision de Son Excellence le Ministre de l'intérieur, en date du 9 décembre 1824;

SUIVI

DU TEXTE DES POLICES D'ASSURANCES SUR LA PLACE DE PARIS.

PARIS,

A LA LIBRAIRIE DU COMMERCE,

CHEZ RENARD, LIBRAIRE DE LA COMPAGNIE DES COURTIERS DE COMMERCE,

RUE SAINTE-ANNE, N° 20.

1825.

IMPRIMERIE DE J. SMITH,
Rue Montmorency, N° 16.

RÉGLEMENT
POUR LES ACHATS, VENTES ET LIVRAISONS
DE MARCHANDISES
SUR LA PLACE DE PARIS.

Article premier.

Le prix courant de la place de Paris sera à l'avenir basé sur les conditions de tares, bonifications et escomptes qui ont été arrêtées par la Compagnie des Courtiers de commerce, et approuvées par l'autorité, telles qu'elles sont stipulées au tableau ci-après.

Art. 2.

Si les négocians convenaient entre eux de s'écarter de ces conditions, le prix auquel ils auraient traité ne serait coté et compris dans le cours légal que sous les réductions et avec les calculs nécessaires pour établir ce prix, comme si les usages réguliers avaient été suivis.

Art. 3.

Dans ce calcul, le terme que l'on pourra accorder sera réduit en escompte à raison de demi pour cent par mois, en négligeant les fractions de terme au-dessous d'un demi-mois.

Art. 4.

Tout arrêté ou marché passé par un Courtier de commerce qui ne spécifiera pas d'une manière positive les conditions particulières qui pourraient être convenues entre le vendeur et l'acheteur, sera censé fait aux conditions d'escompte, tare et usages portées au tableau, et les parties seront tenues de s'y conformer.

Art. 5.

Si un marché est conclu avec la faculté de reconnaître la marchandise, l'acheteur devra, sauf clause contraire, procéder à cette reconnaissance, au plus tard dans le jour non férié qui suivra celui où l'affaire aura été conclue; ce délai expiré, la marchandise sera réputée reconnue et agréée, et l'acheteur sera tenu de prendre livraison aux conditions du marché.

ART. 6.

S'il n'est autrement convenu, l'acheteur devra prendre livraison dans les trois jours non fériés qui suivront celui où la marchandise a été agréée.

ART. 7.

Le paiement au comptant est exigible par le vendeur dès que la livraison est complétée, c'est-à-dire la marchandise vérifiée et pesée, ou mesurée contradictoirement, et mise à la disposition de l'acheteur.

ART. 8.

Toute marchandise vendue sous une tare d'usage doit être livrée en emballage d'origine et naturel. La différence de tare ou de valeur de la marchandise qui résulterait d'un emballage dénaturé ou surchargé, sera réglée conventionnellement, ou à défaut par des arbitres.

ART. 9.

S'il n'est autrement stipulé dans le tableau, la moindre fraction de chaque pesée de marchandise est le demi-kilogramme. Dans les livraisons de marchandises vendues à la tare nette, cette tare sera constatée par la pesée exacte, sauf les exceptions qui sont mentionnées.

Le tableau indique au surplus les usages particuliers dont chaque article est susceptible.

ESCOMPTES, TARES ET USAGES

DE LA PLACE DE PARIS.

ESCOMPTE des PAIEMENS.	MARCHANDISES.	TARES.	OBSERVATIONS.
3 %	ACIDE borique.	Nette.	
	—— benzoïque.		
	—— sulfurique.	Nette.	Emballage à la charge de l'acheteur.
	—— nitrique.		
	—— muriatique.		
Idem.	ACIER de toute espèce.	Nette.	
Idem.	ALOÈS succotrin.	14 %	En barriques.
		15 %	En caisses.
Idem.	ALUN de Paris.	Nette.	
	—— — Liége.	*Idem.*	On comprend 4 pieds de cuve pour 1000 kilog.
	—— — Rome.	*Idem.*	En futailles.
		2 %	En balles.
Idem.	AMANDES cassées douces.	Nette.	En futailles ou en couffes.
	——— amères.	2 %	En balles et simple emballage.
	——— en coques.	3 %	En double emballage de deux toiles.
Idem.	AVELINES.	4 %	En double emballage avec paille et corde.
			L'acheteur a la faculté de refuser la livraison en double emballage et de la recevoir en simple emballage, s'il préfère ce mode.
Idem.	AMIDON en branches.	Nette.	
2 %	ANCHOIS.	. . . .	Se vendent au petit baril.
3 %	ANIS vert.	Brute.	Pour nette, en simple emballage de toile.
	—— étoilé.	Nette.	
Idem.	ANTIMOINE.	Nette.	
	ARCANSON. *Voir* RÉSINE.		

ESCOMPTE des PAIEMENS.	MARCHANDISES.	TARES.	OBSERVATIONS.
3 %	ARSENIC jaune d'Allemagne. . . .	4 kil. ½	Par baril en bois blanc, de 50 à 60 kilog.
	——— rouge *dito*.	7 kil. ½	*Idem* 100 105 *id.*
	——— blanc *dito*.	11 kil. ½	*Idem* 200 210 *id.*
	——— divers d'Angleterre. . . .	Nette.	
Idem.	ASSA-FŒTIDA.	Nette.	
Idem.	AVÉLANÈDES.	Brute.	Pour nette, en balles de grosse toile.
3 %	BENJOIN.	Nette.	
Idem.	BEURRE de muscade.	Nette.	
Idem.	BISMUTH.	Nette.	
Idem.	BITUME de Judée.	Nette.	
Idem.	BLANC de baleine brut.	Nette.	
	——— — ——— pressé.		
	——— — ——— raffiné.		
Idem.	BLANC de plomb.	Nette.	
Idem.	BLEU de Prusse.	Nette.	

ESCOMPTE des PAIEMENS.	MARCHANDISES.	TARES.	OBSERVATIONS.
3 %	BOIS de Fernambouc.	....	En bûches, par pesée de 500 kilog. environ.
	—— — Campêche.		
	—— — Honduras.		
	—— — Sainte-Marthe.		
	—— jaune.		
	—— de teinture, non dénommés.		
	—— d'Inde effilé.	Brute.	Pour nette, en balles de simple toile.
	—— jaune *idem*.		
	—— de teinture effilé, autres que les précédens.	Nette.	En futailles.
		2 %	En balles, simple emballage.
	—— d'acajou.	....	Se pèse par pièces à nu.
	—— violet.		
	—— palissandre.		
	—— de marqueterie, non dénommés.		
	—— — gayac.	Nette.	
	—— — sassafras.		
Idem.	BORAX brut.	Nette.	
	—— demi-raffiné.		
	—— raffiné.		
Idem.	BOUCHONS.	....	Se vendent à la balle de 30 mille en nombre.
Idem.	BOUGIE.	Brute.	Pour nette, en paquets de demi-kilogramme. L'enveloppe ne peut excéder le poids de 15 grammes.
Idem.	BRAI sec.	....	Se vend à la gonne d'origine.
	—— gras du Nord.	....	Se vend à la gonne d'environ 150 kilog.

ESCOMPTE des PAIEMENS.	MARCHANDISES.	TARES.	OBSERVATIONS.
3 %	CACAO de toute espèce.	Nette.	En futailles.
		2 %	En balles de simple toile.
	CAFÉ Saint-Domingue.	Nette.	En futailles.
		2 %	En sacs de simple toile de chanvre ou de coton.
	—— Martinique.	*Idem.*	*Idem.*
	—— Guadeloupe.		
	—— Cayenne.		
	—— Brésil.		
	—— Surinam.		
	—— Havane.	*Idem.*	*Idem.*
		2 ½ p. %	En toile de pitre simple.
	—— Java et Cheribon.	2 %	En toile de gunny simple ou en double jonc mince.
		3 %	En toile double, sans cordes.
	—— Bourbon.	1 kilo.	En balles et simple natte.
		2 kilo.	*Idem* double natte.
		¾ kilo.	En demi-balles et simple natte.
		1 kilo. ½	*Idem* double natte.
			Les cacaos et les cafés en sacs se pèsent par cinq sacs ensemble.
	—— Moka.	15 kilo.	Par balle au-dessus de 225 kilog. avec gros bourrelets.
		12 kilo. ½	*Idem* de 191 à 225 *id.* *idem.*
		11 kilo. ½	*Idem* de 181 à 190 *id.* *idem.*
		10 kilo. ½	*Idem* de 161 à 180 *id.* *idem.*
		9 kilo. ½	*Idem* de 131 à 160 *id.* *idem.*
		8 kilo. ½	*Idem* de 136 à 160 *id.* avec petits bourrelets.
		6 p. %	En balles de 101 à 135 *id.* *idem.*
		7 p. %	*Idem* de 76 à 100 *id.* *idem.*
		7 ½ p. %	*Idem* au-dessous de 76 kilog. *idem.*
			Se livre sans corde ni toile extérieure.
Idem.	CACHOU brut.	Nette.	
1 ½ p. %	CALICOT.	……..	Se vend à l'aune métrique.
3 %	CAMPHRE brut.	Nette.	
	———— raffiné.	*Idem.*	L'enveloppe de papier se déduit.
Idem.	CANÉFICE.	Nette.	
Idem.	CANNELLE de Ceylan en surons.	6 kilo. ½	En double toile gunny de l'Inde.
		3 kilo. ½	En simple toile *idem*
	———— de Chine.	Nette.	
Idem.	CANTHARIDES.	Nette.	

ESCOMPTE des PAIEMENS.	MARCHANDISES.	TARES.	OBSERVATIONS.
5 %	CARBONATE de soude sec.	Nette.	En futailles. Se vend au degré d'alcali, à reconnaître par le procédé de Descroisilles, en se servant pour réactif de la teinture de tournesol.
	CARET. *Voir* ÉCAILLE DE TORTUE.		
3 %	CASSIA LIGNEA.	Nette.	
Idem.	CASTOREUM.	Nette.	
Idem.	CÉRUSE de Clichy.	Nette.	
	——— de France.		
	——— de Hollande.	*Idem.*	On règle ordinairement cette tare sur la tare écrite. Le papier qui enveloppe les pains de céruse et le carton qui entoure la futaille, sont comptés comme marchandise.
Idem.	CHANVRE brut.	Nette.	
	——— peigné.		
Idem.	CINABRE entier.	Nette.	
	——— en poudre ou vermillon de Hollande.		
	——— de Chine.		
	——— d'Idria.		En poches de 14 kilog.
	——— de Paris.		
Point.	CIRE de France jaune, non ouvrée.	Nette.	
	——— blanche, *idem.*		
2 %	——— jaune étrangère, de tous pays.		
Point.	CITRONS.		Se vendent à la caisse de 500, et à la demi-caisse de 300.
3 %	COBALT.	Nette.	
Idem.	COCHENILLE.	Nette.	Se jette sur toile avant la pesée. La pesée de 60 kilog. et au-dessus se fait au poids de 5 hectog. Les tares se font à l'hectogramme.
Idem.	COLLE forte de Paris.	Nette.	Sans emballage.
	——— d'autres lieux.	*Idem.*	Se livre en futailles ou balles.
	——— claire d'Alsace.		
	——— de Hollande.		
Idem.	COLLE de poisson.	Nette.	Se pèse à l'hectogramme.

ESCOMPTE des PAIEMENS.	MARCHANDISES.	TARES.	OBSERVATIONS.
3 %	COPALE.	Nette.	
Idem.	CORNES de bœuf. . . . . ——— — vache . . . . ——— — buffle . . . . ——— — cerf, daim, élan, rhinocéros, etc.	. . . . Nette.	Se vendent aux 104 cornes pour 100. Les cornes épointées se donnent en faveur, lorsqu'il ne s'en trouve pas plus de 6 pour cent. S'il s'en trouve davantage, le vendeur en fait un prix séparé. Se vendent au poids.
	COTONS.	. . . .	Les cotons doivent être en emballage d'origine, et se pèsent balle par balle à la livraison, quel qu'en soit le poids. On accorde 2 kilog. de don par balle ou ballot, même en bon état de conditionnement, pour bords ordinaires résultant de la poussière infiltrée ou du frottement, et pour pièces ordinaires ne servant qu'à couvrir le coton. Il n'est point accordé de don sur les surons en cuir. Les avariés, surcharges, humidités, corps étrangers et réemballages sont arbitrés par deux courtiers. Les cotons à livrer se traitent sur désignation d'espèce et de qualité ou sur échantillons. On indique le nombre des balles, leurs marques et numéros ; et, lorsque ces cotons sont en mer, on peut n'indiquer que le bâtiment qui doit les transporter et le port où ils doivent débarquer. Dans le cas où tout ou partie de la marchandise serait inférieur à la désignation portée au marché ou aux échantillons sur lesquels on a traité, deux courtiers désignés par les parties font un arbitrage pour estimer la réfaction à accorder par le vendeur. Lorsque cette réfaction se trouve au-dessus de 8 %, l'acheteur n'est point tenu d'accepter les cotons, et le vendeur est obligé d'en livrer d'autres, conformes à la qualité qui a été stipulée au marché.

ESCOMPTE des PAIEMENS.	MARCHANDISES.	TARES.	OBSERVATIONS.
	COTON Fernambouc		
	—— Camouchy		
	—— Bahia		
	—— Maragnon		
	—— Para		
	—— Cayenne		
	—— Surinam		
	—— Demerary		
	—— Berbice		
	—— Trinité	4 %	En simple toile, sans cordes ni liens.
	—— Martinique		
	—— Guadeloupe		
	—— Saint-Domingue		
	—— Sénégal		
	—— Géorgie, courte soie		
	—— *Dito*, longue soie		
	—— Caroline		
5 %	—— Cuba		
	—— Motril		
	—— Louisiane		
	—— Alabama		
	—— Ténessée		
	—— Mobile	6 %	En simple toile, avec cordes d'origine.
	—— Sicile		
	—— Pouille		
	—— Castellamare		
	—— Carthagène	*Idem.*	En simple toile ou natte.
	—— Lima	*Idem.*	En double emballage.
	—— Caraque, en toile	4 %	On accorde 2 kilog. pour les liens en cuir, tant intérieurs qu'extérieurs.
	—— Bourbon	6 %	En nattes de jonc, sans liens.
	—— Séchelles	8 %	*Idem* avec liens.
	—— Manille	6 %	En double natte d'origine et les liens en jonc.
	—— Porto-Ricco		En balles et ballots de toile, sans liens intérieurs.
	—— Giron	4 %	On accorde un demi-kilog. de réfaction par ballots pour liens intérieurs.

ESCOMPTE des PAIEMENS.	MARCHANDISES.	TARES.	OBSERVATIONS.
5 %	COTON Bengale. ——— Surate. ——— Madras. ——— Toomels.	8 %	Avec cordes d'origine.
	——— du Levant, de toute provenance.	6 %	En simple emballage de crin, sans cordes. On alloue, outre le don de 2 kilog. par balle, 1 kilog. pour les têtes de balle en jonc, lorsqu'il s'en trouve.
	——— de Macédoine.	10 kilo. ½	Par balle, avec jonc intérieur et en tête, non compris le don de 2 kilog.
	——— Caraque. ——— Cumana. ——— Varinas. ——— Guyane. ——— Minas.	8 kilo. 9 kilo.	Par surons en cuir de 60 kilog. et au-dessous, sans don. *Idem* au-dessus de 60 kilog., sans don.
Point.	COTON filé.	Nette.	Se vend au comptant.
3 %	CRÊME de tartre.	Nette.	
Point.	CRIN de France brut.	Point.	
3 %	——— — Russie brut. ——— — ——— frisé. ——— — ——— poigné. ——— — Barbarie. ——— — Smyrne.	Nette.	
	——— — l'Amérique méridionale.	Nette. 6 %	En futailles et en balles de toile. En emballage de cuir qui reste à l'acheteur. On accorde une réfaction à convenir ou à arbitrer lorsque ces crins sont chargés de corps étrangers ou de morceaux de la queue.
Idem	COULEURS de toutes espèces.	Nette.	
Idem.	COUPEROSE verte.	10 % Nette.	En futailles de bois dur. *Idem* de bois léger.
	——— blanche.	Nette.	
Idem.	CUDBEARD.	Nette.	
	CUIRS. *Voir* PEAUX BRUTES.		

ESCOMPTE des PAIEMENS.	MARCHANDISES.	TARES.	OBSERVATIONS.
3 %	CUIVRE en blocs ou saumons de toute espèce. ———— vieux, monnaies, etc.	Nette.	
Idem.	CURCUMA Bengale. ———— Java.	Nette.	En tous emballages.
Point.	CHANDELLES.	Nette. Brute.	En caisses, emballage fourni par l'acheteur. Pour nette. En paquets de 2 kilog. ½, l'enveloppe ne doit pas excéder le poids de 6 décagrammes.
3 %	DENTS d'éléphant. ———— d'hippopotame.	Nette.	
Idem.	DROGUERIES non dénommées, tirées du règne animal, végétal ou minéral.	Nette.	
Idem.	DUVET.	Nette.	

ESCOMPTE des PAIEMENS.	MARCHANDISES.	TARES.	OBSERVATIONS.
2 %	EAUX-DE-VIE et ESPRITS ——— du Languedoc...... ——— de Provence........ ——— — Cognac......... ——— — Saintonge........	....	Et toutes autres liqueurs spiritueuses, distillées du vin, des grains, de la pomme de terre, de la mélasse, etc.

Tarif et conditions pour la livraison des Eaux-de-vie sur la Place de Paris.

ARTICLE PREMIER.

On vend les eaux-de-vie et les esprits aux 27 veltes (ancienne mesure), représentant la quantité de 205 litres $\frac{61}{100}$, ou à l'hectolitre et au dépotage, sous l'escompte de 2 %.

ART. 2.

Chaque pièce est jaugée séparément ; le litre en est la dernière fraction.

ART. 3.

Les futailles doivent avoir 4 cercles en fer. Elles sont jugées bien conditionnées quand il n'y manque ni cercles ni barres, sans quoi l'acheteur a le droit de refuser la livraison. Les réparations se font avant la livraison, et tous les cercles doivent être bien serrés.

Les esprits $\frac{3}{6}$ du Languedoc seront en futailles de bois dit *de Rome*. Les deux premiers cercles en bouge seront au plus à la distance de 16 centimètres (6 pouces) l'un de l'autre. Les futailles en autre bois que celui dit *de Rome* seront reçues sous une réfaction de douze francs par pièce.

ART. 4.

La reconnaissance des eaux-de-vie et esprits a lieu avant le dépotage, et toutes les difficultés qui peuvent s'élever sur la qualité et le degré de la liqueur, de même que sur le conditionnement des futailles, sont soumises à des arbitres et jugées de suite par eux.

ART. 5.

A l'entrepôt, les livraisons se font où est placé le dépotage public.

ESCOMPTE des PAIEMENS.	MARCHANDISES.	TARES.	OBSERVATIONS.

Le vendeur est tenu d'y faire transporter les pièces à ses frais. Le vendeur et l'acheteur payent les frais de dépotage chacun par moitié.

Si les pièces ont déjà été dépotées et que l'acheteur n'exige pas qu'elles le soient de nouveau, la livraison se consomme dans les cours ou magasins de l'entrepôt.

Dans les magasins hors des barrières, la livraison s'opère dans les magasins mêmes, et le dépotage fait en présence des parties est à frais communs, en se conformant pour le surplus aux conditions du présent réglement.

Art. 6.

Une livraison est consommée par le remplissage des pièces. Le remplissage de la quantité dépotée, complétant une livraison ou à-compte d'une livraison, se fait le lendemain matin du dépotage, à l'ouverture de l'entrepôt. Dès que les pièces sont remplies, elles sont au compte de l'acheteur, et les frais pour les remettre en place sont à sa charge.

Art. 7.

A la livraison des eaux-de-vie et esprits, l'acheteur a le droit de refuser les pièces non droites en goût, lorsque les arbitres auxquels elles ont été soumises, prononcent une réfaction au-dessus de 3 %. Si cette réfaction n'excède pas 3 %, les pièces ne peuvent être refusées. Néanmoins il est de rigueur que, sur 25 pièces, l'on ne peut livrer plus de 5 pièces à réfaction, pour cause de mauvais goût, et dans la même proportion pour une plus forte quantité.

Si les arbitres déclarent des pièces entachées du goût de marc ou de croupi, ces pièces ne seront pas admises à réfaction et seront rejetées de la livraison.

Art. 8.

Le titre des eaux-de-vie et esprits est reconnu au moyen de l'aréomètre de Cartier, ramené par le calcul à la température de 10 degrés au-dessus de zéro du thermomètre de Réaumur, indiquée comme *tempéré.*

Les degrés du thermomètre de Réaumur au-dessus ou au-dessous du tempéré, amènent une réduction ou une augmentation du degré trouvé par l'aréomètre qui aura été plongé en même temps dans le liquide, dans les proportions suivantes :

ESCOMPTE des PAIEMENS.	MARCHANDISES.	TARES.	OBSERVATIONS.

6 degrés du thermomètre pour un degré de l'aréomètre, pour les esprits $\frac{3}{7}$ $\frac{3}{6}$ $\frac{6}{11}$ et $\frac{3}{5}$.

7 degrés du thermomètre pour un degré de l'aréomètre, pour les eaux-de-vie $\frac{2}{3}$.

8 degrés du thermomètre pour un degré de l'aréomètre, pour les eaux-de-vie $\frac{4}{6}$ et $\frac{3}{5}$, et jusqu'à 20 degrés de l'aréomètre non compris.

9 degrés du thermomètre pour un degré de l'aréomètre, pour les eaux-de-vie de 20 degrés et au-dessous.

Les fractions sont calculées.

ART. 9.

Les esprits $\frac{3}{7}$ sont recevables sans réfaction à 34 degrés $\frac{3}{4}$, et les $\frac{3}{6}$ à 33 degrés. Ils peuvent être refusés lorsque la faiblesse excède un demi-degré; la réfaction pour la faiblesse du titre se calcule à raison de 3 % de la valeur pour un degré.

ART. 10.

Le $\frac{6}{11}$ est recevable à 31 degrés sans réfaction, et le $\frac{3}{5}$ à 29. Ils sont également recevables, quoiqu'à un titre inférieur; mais alors il y a lieu à une réfaction qui se règle à 4 % par degré.

ART. 11.

Dans les livraisons de $\frac{3}{7}$ $\frac{3}{5}$ $\frac{6}{11}$ et $\frac{3}{6}$, on ne paye pas la surforce du degré. Chaque pièce est pesée séparément, il est seulement fait un échantillon commun des pièces faibles de degré, et le titre de cet échantillon commun sert à établir la réfaction.

ART. 12.

Les $\frac{2}{3}$ portent de 26 à 26 $\frac{1}{2}$, le $\frac{4}{5}$ de 23 $\frac{1}{2}$ à 24; ils se vendent au degré de 22 avec 4 % en sus pour chaque degré de surforce. Ils sont recevables, quelle que soit la force ou la faiblesse du titre. On fait un échantillon commun pour déterminer le degré.

ART. 13.

Les eaux-de-vie de 22 degrés peuvent être refusées au-dessous de 21 degrés $\frac{1}{2}$, et au-dessus de 22 $\frac{1}{2}$. Si le titre est au-dessous de 22, il y a lieu à une réfaction qui se règle à raison de 5 % par degré. La surforce au-dessus de 22 est payée sur le pied de 4 % pour un degré.

Pour déterminer le degré, on fait échantillon commun de toutes

ESCOMPTE des PAIEMENS.	MARCHANDISES.	TARES.	OBSERVATIONS.
			les pièces portant 22 degrés et au-dessus. On fait aussi échantillon commun des pièces faibles au-dessous de 22 degrés. Art. 14. L'eau-de-vie preuve de Hollande doit porter 19 degrés ½. Elle est recevable à ce titre sans réfaction. On admet en livraison des pièces depuis 19 degrés jusqu'à 20 degrés. Il est fait échantillon commun de toutes les pièces qui n'ont pas exactement 19 degrés et demi, et le titre de cet échantillon sert à déterminer la réfaction ou la bonification due ou allouée sur ces pièces, à raison de 6 % par degré. Les pièces au-dessous de 19 degrés et au-dessus de 20 degrés seront rejetées de la livraison. Art. 15. Dans les livraisons d'eau-de-vie et d'esprit le vendeur remplace toutes les pièces que l'acheteur a eu le droit de refuser.
3 %	ÉCAILLE de tortue	Nette.	Les onglons ou ergots se vendent séparément à prix convenu.
Idem.	ÉCORCES de quina Calissaya	4 kil. ½	Par suron ovale du poids de 25 à 30 kilog.
		10 kil.	*Idem* carré de 60 kilo. environ, avec jonc dans l'intérieur.
		8 kil.	*Idem* du même poids, sans jonc.
	——— — —— Carthagène	6 kil.	*Idem* rond de 50 à 55 kilog.
		8 kil.	*Idem* carré
	——— — —— rouge ——— — —— gris ——— — —— jaune	Nette.	En caisses.
	——— — cannelle blanche ——— — Cascarille ——— — Simarouba ——— médicinales, non dénommées ——— à teinture, non dénommées	Nette.	
	——— de citron ——— d'orange	3 %	En simple toile.
Idem.	ÉLÉMI	Nette.	

ESCOMPTE des PAIEMENS.	MARCHANDISES.	TARES.	OBSERVATIONS.
3 %	ÉMERIL en pierre.............. ——— — poudre.............	Nette.	
Idem.	ENCENS........................	Nette.	
Idem.	ÉPONGES communes............. ——— fines.................	Nette.	
Idem.	ESQUINE.......................	Nette.	
	ESSENCES diverses. *Voyez* HUILES ESSENTIELLES.		
Idem.	ÉTAIN en blocs ou saumons de toutes provenances...........	Nette.	
Idem.	EUPHORBE....................	Nette.	
3 %	FANONS de baleine du nord.....	Nette.	Le paquet pèse environ 250 kilog. et se vend net de cordes et de liens. Lorsqu'ils sont crasseux ou chargés de barbe, on accorde deux pour cent de bon poids.
	——— — ——— du sud......	*Idem.*	Suivent le même usage. Les paquets ne sont pas réguliers.
Point.	FARINE de blé.................	Nette.	Se vend au sac de 159 kilog. Le sac se rend au vendeur.
3 %	FERS de toute espèce...........	Nette.	
Idem.	FER-BLANC....................	....	A la caisse de 225 feuilles.
Idem.	FEUILLES à teinture, non dénommées.............. ——— médicinales, non dénommées..............	Nette.	
Idem.	FIGUES sèches..........	5 kilo. 9 kilo. 13 kilo. ½ Nette. Brute.	Par caisse de 50 kilo. Par balle de 4/4 avec cercles et cordes. Par balle de 12 caissetins avec cercles et cordes. En paniers. Pour nette, en cabas et en boîtes.

ESCOMPTE des PAIEMENS.	MARCHANDISES.	TARES.	OBSERVATIONS.
3 %	FLEURS médicinales non dénommées	Nette.	
Idem.	FOLLICULES de séné de l'appalte.	5 %	En balles couvertes de deux toiles, dont une mince et une forte, toute surcharge défalquée.
	——— de Tripoli.......	10 %	En balles de paille avec deux têtes en jonc sans surcharge.
Idem.	FROMAGE de Gruyère..........	Nette.	On dépote et on pèse à nu.
	——— de Hollande..........	*Idem.*	Se livre sans emballage. Les pains brisés se vendent séparément ou sont admis à réfaction arbitrée.
	——— Parmesan et autres. . .	*Idem.*	
3 %	GALIPOT..........................	15 %	En futailles de bois dur de 150 kilo. environ.
		10 %	*Idem* blanc de 100 kilog. environ.
	GALLES. *Voy.* NOIX DE GALLES.		
Idem.	GAUDE..........................	Brute.	Pour nette, en toile légère.
Idem.	GINGEMBRE....................	Nette.	En futailles.
		2 %	En sacs de simple toile.
Idem.	GIROFLES de la compagnie hollandaise...........	Nette.	On jette sur toile avant de peser.
	——— de la compagnie anglaise		
	——— de Bourbon...........		
	——— de Cayenne..........		
Idem.	GOMME de cerisier de pays......	Nette.	
	——— — Barbarie...........	6 kil.	Par couffe de 125 à 150 kilog.
	——— — Sénégal............	Nette.	En futailles.
		2 %	En sacs de simple toile.
	——— arabique.............	Nette.	
	——— gedda................		
	——— turique..............		
	——— adraganth............		

ESCOMPTE des PAIEMENS.	MARCHANDISES.	TARES.	OBSERVATIONS.
3 %	GOMME ammoniaque..........	Nette.	
	——— de gayac..............		
	——— médicinales, non dénommées..............		
	——— laque en bâtons........		
	——— ——— en graines........		
	——— ——— en feuilles........		
Idem.	GOUDRON du nord............	....	Se vend à la gonne d'environ 170 kilog.
	——— des landes...........	....	Se vend à la gonne jauge de Chalosse d'environ 325 à 350 kilog.
Idem.	GRAINES d'écarlate (Kermès)...	Nette.	
Idem.	GRAINES d'Avignon..........	Nette.	
	——— de Perse............		
	——— à teindre, non dénomm.		
	——— de lin..............		
	——— de luizerne..........		
	——— de trefle............	*Idem.*	En futailles ou à la balle de 104 kilog.
Point	GRAINS de toute espèce........	....	Se vendent à l'hectolitre. Les sacs sont rendus au vendeur.
	——— froment...............		
	——— seigle................		
	——— orge..................		
	——— avoine................		
	——— maïs, etc..............		

ESCOMPTE des PAIEMENS.	MARCHANDISES.	TARES.	OBSERVATIONS.
2 %	HARENGS blancs, pleins et gais...	....	Se vendent au baril, qui doit peser brut 145 kilog. Le baril se divise en demis, quarts ou huitièmes.
	——— saurs..................	....	Se vendent au baril qui se divise seulement en demis. La contenance est indiquée sur le baril.
3 %	HERBES médicinales non dénommées	Nette.	
Idem.	HOUBLON..................	Nette.	
Idem.	HUILE essentielle de térébenthine..	Nette.	En futailles.
	——— ——— citron......	*Idem.*	Les estagnons se donnent à l'acheteur lorsqu'ils sont en fer-blanc ainsi que les bouteilles de verre. Les estagnons en cuivre se payent à part au cours du cuivre non ouvré.
	——— ——— bergamote...		
	——— ——— menthe.....		
	——— ——— girofle......		
	——— ——— lavande.....		
	——— ——— d'aspic.......		
	——— ——— de rose.......		
4 %	HUILE d'olive surfine...........	Le $\frac{1}{6}$	Du poids brut, en pièces ou bottes et en demi-pièces.
	——— ——— fine.............		
	——— ——— commune.........	Le $\frac{1}{4}$	En futailles de 100 kilog. et au-dessous.
			La botte d'huile d'olive se règle en résiliation ou compensation de marché sur le poids net de 570 kilog. Il est entendu que la tare accordée est avec garantie de fausse tare de la part du vendeur, et que l'acheteur jouit du terme d'une année (sauf clause contraire) à partir de la facture, pour représenter la pièce vide et appeler le vendeur à sa vérification. Ce délai, ou tout autre dont on sera convenu, étant expiré, toute réclamation est prescrite. Il n'y a pas lieu à bonification sur la tare d'une pièce d'huile d'olive pesant environ 600 kilog., si la vidange n'excède pas 3 pouces. La bonification de la tare ne se compte qu'à partir de 4 pouces.

ESCOMPTE des PAIEMENS.	MARCHANDISES.	TARES.	OBSERVATIONS.

Tarif d'estimation pour la Vidange des Huiles.

Pour	4 pouces	ou 11	centimètres,	on accorde	1 k. 9 h. $\frac{1}{2}$
»	5	» 13 $\frac{1}{2}$	»	»	4 » 4 » »
»	6	» 16	»	»	7 » 1 » »
»	7	» 19	»	»	10 » » » »
»	8	» 22	»	»	12 » 9 » $\frac{1}{2}$
»	9	» 24	»	»	16 » 1 » $\frac{1}{2}$
»	10	» 27	»	»	19 » 6 » »
»	11	» 30	»	»	23 » 2 » $\frac{1}{2}$
»	12	» 32 $\frac{1}{2}$	»	»	26 » 9 » »
»	13	» 35	»	»	30 » 8 » »
»	14	» 38	»	»	35 » » » »
»	15	» 41	»	»	39 » 2 » »
»	16	» 43	»	»	43 » 6 » »
»	17	» 46	»	»	48 » » » »

Comme le 17e pouce, soit 46 centimètres, est la moitié d'une pièce d'huile, si la vidange excède 17 pouces, la réfaction se calcule en ajoutant à celle que l'on accorde pour 17 pouces, la différence entre celle de 16 à 17; si la vidange est de 18 pouces, la différence entre celle de 15 à 17; si elle est de 19 pouces, etc.

Exemple :

	pouces	cent.		pouces	kil.	hect.		kil.	hect.
Pour	le 18e	ou 49	qui correspond au	16e	4	4	ce qui fait	52	4
Id.	19e	*id.* 51	*idem*	15e	8	8	*idem*	56	8
Id.	20e	*id.* 54	*idem*	14e	13	»	*idem*	61	»

Ainsi de suite,

Pour une demi-pièce, l'estimation s'établit aux $\frac{2}{3}$, et la vidange se compte à partir de 2 pouces $\frac{1}{2}$.

Pour les cercles, il doit exister une distance de 8 pouces, soit 22 centimètres, la bonde comprise, sur une pièce, et 6 pouces, soit 16 centimètres, sur une demi-pièce.

Pour la vidange des huiles de poisson, comme les futailles ne sont point uniformes, on fait l'estimation dans la proportion de celle des huiles d'olive.

Pour le dépôt, on accorde la même bonification que pour la vidange.

ESCOMPTE des PAIEMENS.	MARCHANDISES.	TARES.	OBSERVATIONS.
2 %	HUILE de chenevis..........		
	——— — lin..................		
1 %	——— — navette..............	Nette.	En futailles irrégulières, se vendent au poids.
	——— — rabette..............		
	——— — colzat...............		
	——— — cameline.............	*Idem.*	Se vendent à la tonne d'un hectolitre.
	——— d'œillette..............		La jauge est garantie par le vendeur exactement pour 100 litres, et la reconnaissance, en cas de contestation, se fait chez l'acheteur, par la vérification à l'eau et l'empotement du cinquième des tonnes formant la livraison. Ce cinquième est choisi moitié par le vendeur et moitié par l'acheteur, et sert de règle pour la partie. L'huile de colzat de Caen peut être livrée au poids net dans le rapport de 91 kilog. pour un hectolitre, si elle n'est pas arrivée en futailles de jauge régulière.
1 %	HUILE épurée................	Nette.	Au poids; se livre par le vendeur dans les tonnes d'origine ou hectolitres qui sont dues à l'acheteur. Tout autre conditionnement est aux frais de ce dernier.
	HUILES de poisson...........	....	Les pièces doivent être pleines à 27 millimètres de la bonde (1 pouce). Elles sont livrées exemptes de plâtre et de barres. On accorde réfaction pour la vidange et pour le pied, s'il s'en trouve, comme pour la vidange des huiles d'olive; mais, pour le pied, la réfaction n'est légale que jusqu'à 27 millimètres (1 pouce), pour les huiles de baleine; et 55 millimètres (2 pouces), pour celles de morue; au-dessus de cette quantité, la réfaction est à arbitrer. Le dégras n'est reçu qu'à prix conventionnel entre les parties.
	HUILE de baleine.............	Le $\frac{1}{6}$	Pour les pièces au-dessus de 250 kilog.
3 %	——— d'éléphant de mer.......	Le $\frac{1}{5}$	Pour celles de 250 kilog. et au-dessous. Se vendent en pièces cerclées en fer; et s'il s'y trouve des cercles de bois avec ceux de fer, on les enlève avant la livraison ou l'on accorde réfaction.
	——— de morue, pêche anglaise...	comme à l'article précéd.	En futailles de bois blanc, cerclées de 16 cercles en bois et deux cercles en fer.
	——— de morue, pêche française...	Le $\frac{1}{8}$	En barriques de Bordeaux ou Marseille. On accorde la réfaction de 1 kilog. par chaque barre, ou bien elles sont enlevées, au choix de l'acheteur.

ESCOMPTE des PAIEMENS.	MARCHANDISES.	TARES.	OBSERVATIONS.
3 %	HUILE de ricin.	Nette.	En barriques ou à la bouteille.
	——— — palme.	Le $\frac{1}{9}$	En futailles d'origine anglaise, cerclées en fer.
		Le $\frac{1}{6}$	En barriques bordelaises ou marseillaises, sans barres.
		Nette.	En autres fûts.
5 %	INDIGO Bengale.	Nette.	En futailles et en caisses.
	——— Madras.		On vide sur toile et on reconnaît la tare des caisses ou futailles avant la pesée. La fraction de la pesée de la tare est le demi-kilogramme.
	——— Coromandel.		On accorde 1 kilog. de réfaction par caisse ou futailles en bon état ordinaire de conditionnement. En cas de menu ou de pousse extraordinaire, la réfaction à accorder est réglée par arbitres sur la toile.
	——— de toute autre espèce.		Si les indigos vidés sur la toile présentent une différence de qualité avec celle qui a été agréée sur la surface, cette différence sera arbitrée; et si elle est jugée être de 2 fr. ou au-dessus, par kilog., l'acheteur aura la faculté de résilier la marchandise.
	——— Caraque.	7 kilo.	Par demi-suron de 49 à 52 kilog. environ.
		9 kilo.	Par deux tiers de suron de 74 à 77 kilog. 5 hectog.
	——— Guatimalo.	11 kilo.	Par suron de 110 à 113 kilog.
			Les surons doivent être bien pleins.
			Les liens sont regardés comme surcharge et ôtés avant la pesée.
			Quand les surons s'élèvent au-dessus des poids ci-dessus, l'excédant de poids est réglé comme surcharge et alloué en surtare. L'acheteur a toujours le droit de réclamer la tare nette.

ESCOMPTE des PAIEMENS.	MARCHANDISES.	TARES.	OBSERVATIONS.
3 %	IPÉCACUANHA................	Nette.	
Idem.	IRIS de Florence................	Nette.	
3 %	JALAP........................	7 kilo.	Par suron de 75 à 90 kilog.
Idem.	JONCS, bambous, roseaux et rotins pour cannes............	....	Au nombre. Les petits rotins en balles et joncs à fabriquer des fouets se vendent aussi au poids.
Idem.	JUS de citron..................	Nette.	Se vend à l'hectolitre ou au poids.

ESCOMPTE des PAIEMENS.	MARCHANDISES.	TARES.	OBSERVATIONS.
1 ½ p. %	LAINES de France, en suint.....	Nette.	Se livre sans emballage. On accorde 4 % de don, avec liens de ficelle et 5 % de don, avec liens en paille ou écorce de tilleul.
	——— — ——— lavées à dos.. ——— — ——— pelures......	Nette.	On accorde 2 % de don. Quand ces laines sont emballées, l'emballage reste à l'acheteur.
3 %	——— — ——— lavées, à couvertures.... ——— — ——— lavées, à matelas.......	Nette.	Se livre emballée. L'acheteur ne paye pas l'emballage.
7 ½ p. %	——— — ——— lavées, mérinos ——— — ——— lavées, métis, de toutes qualités.......		
3 %	——— — Médoc.............. ——— — Bayonne............ ——— — Béarn.............. ——— — Roussillon........... ——— — Languedoc.......... ——— — Provence............ ——— des côtes d'Afrique...... ——— du Levant............ ——— — nord, communes et autres............. ——— communes et étrangères..	Nette.	L'usage général de la place est de la tare nette pour toutes les laines. Pour éviter le déballage, on convient ordinairement de 4 %; pour les emballages en toile, 5 % pour les emballages de crin; mais cela est facultatif.
7 ½ p. %	——— d'Espagne............. ——— de Portugal........... ——— d'Italie................ ——— d'Allemagne........... ——— de Russie et autres laines fines étrangères.......	Nette.	La tare se fixe à tant par balle, en vidant et pesant deux balles, au choix du vendeur et de l'acheteur.
3 %	——— de Buenos-Ayres........	Nette. Brute.	En emballage de toile. En emballage de cuirs.
	——— de cachemire........... ——— de chevron, travail français ——— de chevron, travail étranger	Nette.	L'acheteur qui aura pris livraison d'une partie de laines et qui n'aura pas exigé la vérification de la tare, sera regardé comme ayant agréé une tare conventionnelle et ne sera pas admis à réclamer.

ESCOMPTE des PAIEMENS.	MARCHANDISES.	TARES.	OBSERVATIONS.
3 %	LAINE de vigogne..............	Nette.	
Idem.	LAQUE DYE....................	Nette.	
Point.	LÉGUMES secs................. ——— — pois.............. ——— — fèves.............. ——— — haricots........... ——— — lentilles..........	....	A l'hectolitre. Le sac est rendu au vendeur.
3 %	LIÉGE en planches..............	Nette.	
Idem.	LIN brut....................... —— peigné....................	Nette.	
Idem.	LITHARGE française........... ——— anglaise..............	Nette. 5 %	 En barils de bois mince.
3 %	MACIS.........................	Nette.	Se vide sur toile avant de peser.
Idem.	MAGNÉSIE.....................	Nette.	
Idem.	MANGANÈSE d'Allemagne........ ——— d'autres lieux........	5 % Nette.	En futailles longues du poids de 500 à 600 kilog.
Idem.	MANNE grasse.................. —— en sorte................. —— en larmes.................	Écrite.	La tare est écrite en rotles de Sicile que l'on réduit en kilog. en retranchant un huitième. Se livre sans cordes ni toile.

ESCOMPTE des PAIEMENS.	MARCHANDISES.	TARES.	OBSERVATIONS.
2 %	MAQUEREAUX salés.	....	Se vendent au demi-baril, devant peser de 50 à 55 kilog.
3 %	MERCURE ou argent vif.	Nette.	
2 %	MERLUCHES.	....	Se vend à la balle de 50 kilog.
3 %	MIEL de Bordeaux. ——— — Bretagne.	12 %	En barriques bordelaises ou d'Anjou. On accorde un kilog. par chaque barre.
Point.	——— — Gâtinais.	10 %	En barils de 45 à 50 kilog.
3 %	MINIUM de France.	Nette.	
	——— anglais.	5 %	En futailles, sans plâtre.
2 %	MORUE de Terre-neuve et d'Islande, en sel sec ou en saumure.	....	Se vend à la tonne, qui pèse ordinairement brut de 130 à 135 kilog. et donne pour le net de poisson 125 kilog. Les tonnes de petit poisson sont de même poids, et se vendent ordinairement 10 fr. de moins par tonne que le grand poisson.
	——— de Terre-Neuve, salée en vrac.	....	Se vend aux 100 kilog., secouée de sel.
3 %	MUSC.	Nette.	Se pèse au décagramme.
Idem.	MUSCADES.	Nette.	Se vident sur toile avant de peser.

ESCOMPTE des PAIEMENS.	MARCHANDISES.	TARES.	OBSERVATIONS.
3 %	NACRE de perle................	Nette.	
Idem.	NANKIN des Indes, grand......	....	A la pièce de 5 1/3 à 5 1/2 aunes métriques, et 38 centimètres de largeur.
	—— — —— moyen......	....	A la pièce de 3 11/16 à 4 aunes métriques, même largeur.
	—— — —— petit........	....	A la pièce de 3 3/4 à 3 7/8 aunes métriques, sur 29 1/2 à 32 centimètres de largeur.
Idem.	NOIR animal....................	Nette.	
	—— d'ivoire....................	Nette.	
	—— de fumée....................	Brute.	Pour nette, en balles de toile.
		Nette.	En futailles.
Idem.	NOIX de Galle..................	Nette.	En futailles.
		2 %	En balles de simple toile.
		5 %	*Idem* crin avec deux toiles.
		4 %	*Idem* *id.* et simple toile par-dessus.

ESCOMPTE des PAIEMENS.	MARCHANDISES.	TARES.	OBSERVATIONS.
3 %	OCRE rouge..................	10 %	En futailles de bois dur.
	——— jaune.....................	Nette.	*Idem* de bois blanc.
Idem.	OPIUM.........................	Nette.	
Point.	ORANGES......................	....	Se vendent à la caisse de 500 et à la demi-caisse de 300 fruits.
3 %	ORCANETTE....................	2 %	En simple emballage de toile.
Idem.	ORPIMENT.....................	Nette.	
Idem.	ORSEILLE des Canaries.........	3 %	En toile.
	——— du cap Vert..........	Nette.	En jonc.
Idem.	ONGLONS ou sabots de bœufs et vaches de France..........	.....	Se vendent au nombre.
	——— d'Amérique..........	.....	Se vendent au poids.

ESCOMPTE des PAIEMENS.	MARCHANDISES.	TARES.	OBSERVATIONS.
3 %	PASTEL	Nette.	...
	PEAUX BRUTES.		
3 %	Cuirs de bœuf et de vache secs en poil, de Buenos-Ayres et d'autres endroits d'Amérique	....	Se vendent au poids. On pèse les cuirs forts par 25 cuirs, et les légers par 50. Sont réputés cuirs forts, ceux dont le poids moyen est de 13 kilog. et au-dessus. L'acheteur est tenu de prendre dix pour cent de taureaux. Au-dessus de dix pour cent et jusqu'à quinze pour cent, on accorde un kilog. de réfaction par taureau excédant les dix. Lorsqu'il se trouve plus de quinze pour cent de taureaux, le vendeur en prévient, et on convient de la réfaction. Les cuirs se vendent exempts d'avarie et de piqûres. Les avaries d'eau de mer et d'eau douce s'arbitrent ainsi que les piqûres.
	—— salés de Buenos-Ayres, de Fernambouc et de Bahia	....	Se pèsent par 25 cuirs. On accorde un kilog. de bon par chaque pesée. Lorsqu'ils sont chargés de sel, on les fait déplier et secouer. On accorde une bonification pour les lanières en cuir ou les cordes qui les serrent. On accorde la réfaction convenable lorsqu'il y a trop d'humidité.
Point ou 2 %	—— de bœuf, de vache et de veau, des boucheries de Paris	....	Se vendent frais de boucherie. On les pèse lorsque l'animal est dépouillé. On marque le poids à la queue avec des signes de convention. L'acheteur les reçoit sur le poids marqué. On classe et vend séparément les gros cuirs, qui sont ceux dont le poids est au-dessus de 40 kilog., et les cuirs faibles du poids de 40 kilog. et au-dessous. Ils s'achètent en boucherie sans escompte; hors de là, l'escompte est de 2 %.
2 %	—— de bœuf et de vache, secs en poil, avec ou sans cornes, crânes, queues, etc., de Paris	....	Se pèsent par 25 cuirs. Les réfactions pour les peaux crottées, pour celles qui sont échauffées ou mittées, s'arbitrent à la livraison, à moins de convention particulière insérée dans le marché.
3 %	—————— des départemens		
2 %	—— salés, de Paris	....	Se vendent au poids marqué, ou à repeser suivant qu'on en convient.
	—— —— des départements	....	Se pèsent toujours par 25 peaux. On accorde une réfaction pour le sel, s'il s'en trouve.
	—— —— de la Hollande		
	—— —— du Nord		

ESCOMPTE des PAIEMENS.	MARCHANDISES.	TARES.	OBSERVATIONS.
2 0/0 3 0/0	CUIRS de veau, secs, en poil, de France, ——— étrangers.	....	Se vendent au poids ou à la pièce, suivant qu'on en convient.
Idem.	—— — cheval, secs, d'Amérique..	....	Se vendent sans tare. Lorsque l'emballage est bien conditionné, il vaut moitié prix. Les piqûres ou avaries s'arbitrent comme pour les bœufs.
	—— — ——— secs, verts et salés, de France..... —— — ——— secs en poil, du Nord	....	Se vendent à la pièce ou au poids.
Point.	PEAUX DE MOUTON des boucheries de Paris fraîches.	....	Se vendent à la pièce.
2 0/0	——— sèches..		
3 0/0	—— — ——— étrangères, du Nord......... —— — ——— étrangères, de Buenos-Ayres.	....	Se vendent à la pièce ou au poids.
2 0/0	——— d'agneau, en laine.........	....	Se vendent aux 104 peaux.
3 0/0	——— de chèvre, en poil........ ——— — bouc, *dito*...........	....	Se vendent à la douzaine de recette.
2 0/0	——— — chevreau, en poil.......	....	Se vendent à la douzaine ou aux 104 pièces.
3 0/0	——— — daim, — chevreuil, — cerf } rasée de recette	....	Se vendent au poids.
	——— — —— —— non de recette	....	*Idem* au poids de deux kilog. pour un.
	——— — —— en poil, de recette.	....	*Idem* à la pièce.
	——— — —— — —— non de recette...	....	Se donnent deux pour une, ou trois pour une. Les avaries et la recette s'arbitrent. Une peau saine n'est pas de recette lorsqu'elle est percée de cinq trous; à quatre trous, elle est de recette.
	——— — chien de mer........... ——— — roussette.............	....	Se vendent à la pièce.
	PELLETERIES.		
Idem.	PEAUX de lapin de France........	....	Se vendent au poids.
	——— — lièvre de France........	....	Classées en saison, se vendent aux 104 peaux pour cent. Les rebuts se vendent au poids.

ESCOMPTE des PAIEMENS.	MARCHANDISES.	TARES.	OBSERVATIONS.
3 0/0	PEAUX de lièvre de Saxe......... ——— — ——— — Bohème...... ——— — ——— d'Allemagne...... ——— — ——— de Suisse........	.....	Se vendent aux 100 peaux lorsqu'elles sont classées en saison.
	——— — ——— — Russie........ ——— — ——— — Moscovie....... ——— — ——— — Lithuanie.....	.....	Se vendent aux 100 peaux lorsqu'elles sont classées en saison et mises en paquets de dix peaux d'un poids égal. Lorsqu'elles ne sont pas classées, ce qui arrive très-rarement, on donne 104 peaux pour cent. Les peaux d'été sont à moindre prix.
	——— — ——— — Smyrne....... ——— — ——— — Turquie.......	Nette.	Se vendent au poids.
	——— — castor................	....	Se vendent à la pièce ou au poids.
	——— d'ours du Canada....... ——— ——— de la baie d'Hudson. ——— ——— — l'Amérique..... ——— ——— — la Louisiane..... ——— ——— — Russie........	.....	Se vendent à la pièce. On donne de 2 à 5 oursons, suivant la grandeur et le prix, pour une peau.
	——— de rats gondins ou castorins. ——— diverses et Pelleteries fines de tous pays............	.....	Se vendent à la pièce.
Idem.	PIERRES PONCES..............	Nette.	
Idem.	PIMENT Tabago.................	Nette. 3 0/0	En futailles. En balles de 80 kilog. environ, simple emballage, sans cordes ni surcharges.
	——— Jamaïque...............	Nette. 2 0/0	En futailles. En balles de simple toile. Les poivres et pimens en sacs se livrent et pèsent par cinq sacs ensemble.
Idem.	PISTACHES en coques.......... ——— cassées.............	Nette.	

ESCOMPTE des PAIEMENS.	MARCHANDISES.	TARES.	OBSERVATIONS.
3 %	PLOMB neuf en saumons, de toute provenance...........	Nette.	
	—— vieux..................	*Idem.*	On alloue 4 % de réfaction pour impuretés.
6 %	PLUMES d'autruche brutes.......	.....	Se vendent à la pièce ou au poids net.
	—— de grand vautour gris...	Nette.	
	—— — —— —— blanc..		L'emballage en cuir reste à l'acheteur.
	—— — petit vautour blanc...		
	—— à écrire, brutes......	*Idem.*	Se vendent au poids.
	—— — —— apprêtées.....	.....	*Idem* au mille.
3 %	—— — lit.................	.....	Se pèsent brut pour net; en balles de toile, on donne 104 kilog. pour cent.
Idem.	POIVRE noir..................	Nette.	En futailles.
		4 kilo.	Par balle de 150 kilog. en double toile, dont une gunny.
		2 %	En balles et ballots de simple toile.
	—— blanc..................	2 %	En simple toile.
		3 kilo.	Par balle de 100 kilog., en double toile, dont une gunny.
		Nette.	En futailles et caisses.
Idem.	POIX blanche dite de Bourgogne...	10 %	En tines de 50 à 200 kilog.
Idem.	PERLASSE d'Amérique.........	12 %	En futailles de 170 à 250 kilog.
	POTASSES d'Amérique..........	12 %	En futailles de 200 à 300 kilog.
	—— de Russie, de Saint-Pétersbourg.	*Idem.*	*Idem* 350 500 *idem.*
	—— — —— de Dantzick.	*Idem.*	*Idem* 1000 1600 *idem.*
	—— — —— d'Odessa...		
	—— d'Italie, de Toscane....	*Idem.*	*Idem* 350 550 *idem.*
	—— —— — Naples.....	*Idem.*	*Idem* 50 500 *idem.*
	—— d'Espagne...........	*Idem.*	*Idem* 350 550 *idem.*
	—— de Finlande..........	Nette.	
	—— — Hongrie...........		
	—— d'Allemagne.........		*Idem* de divers poids.
	—— du Rhin.............		Sur les potasses et perlasses vendues à tare d'usage, le vide sera arbitré, et la tare allouée sur la quantité de marchandise nécessaire pour remplir la futaille.
	—— des Vosges..........		Les avaries se règlent par arbitrage.

ESCOMPTE des PAIEMENS.	MARCHANDISES.	TARES.	OBSERVATIONS.
	PRUNES d'ente.	Écrite.	
3 %	—— rouges de Bordeaux.....	Nette.	
	—— —— — Saumur......		
	—— de Tours.....	*Idem.*	En barriques.
		Point.	En paniers ou corbeilles.
3 %	QUERCITRON..................	2 %	En simple emballage de toile.
		12 %	En barriques.
	QUINA. *Voyez* ÉCORCE DE.		

ESCOMPTE des PAIEMENS.	MARCHANDISES.	TARES.	OBSERVATIONS.
3 %	RACINE de salsepareille Honduras.	Nette.	On enlève et pèse l'emballage en toile. Le poids des liens de cuir est évalué et arbitré en cas de besoin.
	— — — Caraque.	5 kilo.	En surons de cuir. L'acheteur peut réclamer la tare nette, réglée sur un ou deux surons choisis par chacune des parties, et vérifiés.
	— — — Portugal.	Nette.	
Idem.	RACINES médicinales non dénom.	Nette.	
Idem.	RAISINS secs de Roque-Vaire	10 kilo.	Par caisse de 100 kilog.
		5 kilo.	Par demi-caisse de 50 kilog.
		9 kilo.	Par balle de 4/4 avec cercles et cordes.
		13 kilo. ½	Par balle de 12 caissetins avec cercles et cordes.
	— demi-commun	1 kilo.	Par cabas de 23 à 25 kilog.
		4 kilo.	Par caisse de 26 à 28 kilog.
	— demi-muscat	2 kilo.	Par caisse de 13 à 14 kilog.
	— de Malaga	....	Se vendent à la caisse de 13 à 14 kilog.
Idem.	RÉGLISSE de Bayonne	2 kilo.	Par balle de 55 kilog. et au-dessous.
		3 kilo.	*Idem* 56 à 75 kilog.
		4 kilo.	*Idem* 76 et au-dessus en simple toile et corde.
	— d'Alicante	Nette.	En balles ou essarions de jonc.
Idem.	RÉGULE d'antimoine	Nette.	
Idem.	RÉSINE et ARCANSON	Nette.	En futailles.
		1 kilo.	Par balle de 100 à 125 kilog. en natte simple.
Idem.	RÉSINES médicinales, non dénommées	2 kilo.	*Idem* *idem* double.
		Nette.	
Idem.	RHUBARBE	Nette.	
Idem.	RHUM	Nette.	Au litre ou à la velte dépotée.
Idem.	RIS	.....	Se pèse par 500 kilog. ou environ, quand il est en sacs.
	— du Piémont	2 %	En sacs de simple toile, de 72 à 100 kilog. Les petites balles sont comptées pour 70 kilog. net, et les grosses pour 100 kilog., en résiliation ou compensation de marché.
	— — Levant	2 %	Simple emballage.
	— de l'Inde		
	— — Caroline	12 %	En futailles dites *tierçons*, pesant de 280 à 300 kilog., à 12 cercles et sans barres; en résiliation d'un marché, le tierçon est compté pour 250 kilog. net.
		14 %	En demi-tierçons, de 175 a 190 kilog.

ESCOMPTE des PAIEMENS.	MARCHANDISES.	TARES.	OBSERVATIONS.
3 %	ROCOU de Cayenne............	16 %	Pour le bois que l'on déduit du poids brut, et on alloue ensuite,
		4 %	Pour les feuilles, sur le poids ainsi réduit.
			En barriques ordinaires de Bordeaux ou La Rochelle.
			Les barriques au-dessous de 200 kilog. auront pour le bois la tare de 32 kilog.
	—— du Brésil..........	15 %	En paniers de 25 à 30 kilog.
Point.	SAFRAN Gâtinais..............	Nette.	
2 %	—— du Comtat..............		
	—— d'Espagne..............		
3 %	SAFRANUM d'Espagne..........	2 %	En simple toile.
	—— du Levant..........	2 %	En ballots de simple toile.
		10 %	En caffas de jonc et emballage extérieur de toile d'origine.
	—— de l'Inde..........	8 %	En balles, avec cordes.
Idem.	SAGOU de l'Inde...............	Nette.	En futailles.
		2 %	En simple toile.

ESCOMPTE des PAIEMENS.	MARCHANDISES.	TARES.	OBSERVATIONS.
3 %	SALEP........................	Nette.	
Idem.	SALPÊTRE brut de l'Inde........	6 kilo.	Par balle du poids de 75 à 90 kilog.
Idem.	SANDARAQUE................	Nette.	
Idem.	SANG DE DRAGON............	Nette.	
2 %	SARDINES.....................	.....	Se vendent au baril et au demi-baril. Le baril doit peser de 80 à 90 kilog.
Idem.	SAUMON.......................	.....	Se vend aux 100 kilog., net de sel et de saumure.
10 %	SAVON de Marseille............	Nette.	Se livre franc d'avarie. Se pèse par 5 demi-caisses. Pour reconnaître la tare, deux caisses sont choisies, l'une par le vendeur, l'autre par l'acheteur. On les vide, et la différence entre la tare reconnue et la tare écrite sert de règle pour toute la partie, soit en perte, soit en bonification. Si, après le dépotage, l'une des deux parties se croit lésée, on procède de la même manière pour deux autres demi-caisses que l'on joint aux deux premières. Le résultat que donnent ces 4 caisses sert alors de base. Dans les résiliations ou compensations de marché, la demi-caisse de savon est comptée pour 115 kilog. poids net.
2 %	—— vert....................	.....	Se vend à la tonne de 100 kilog. net, qui se divise en demis, quarts et huitièmes.
3 %	SCAMMONÉE..................	Nette.	
5 %	SEL de soude caustique...........	Nette.	En futailles. Se vend au degré d'alcali, à reconnaître par le procédé de Descroisilles, en se servant pour réactif de la teinture de tournesol.
Point.	—— marin, gris................	*Idem.*	Le sac est fourni par l'acheteur.
3 %	SEL ammoniac.................. —— d'oseille................... —— de Saturne................	Nette.	
Idem.	SÉNÉ de l'appalte ou d'Alexandrie	12 % Nette.	En fardes d'origine, sans surcharge. En autres emballages.
	—— — Tripoli..............	9 kilo. ½ Nette.	Par farde de 130 à 140 kilog. En autres emballages.

ESCOMPTE des PAIEMENS.	MARCHANDISES.	TARES.	OBSERVATIONS.
3 %	SIROP de mélasse, des raffineries de Paris..........................	Nette.	La futaille rebattue et plâtrée à la charge du vendeur.
Idem.	SMALT ET AZUR..............	10 %	En barils de 50 à 60 kilog.
Idem.	SOIE organsin du Piémont, 26 à 28 den.	2 kilo.	Par balle, avec les cordes.
	—— —————— 36 à 38 den.		La balle pèse environ 75 kilog.
	—— grège de Salon..............	Nette.	On livre avec la seconde toile, qui reste à l'acheteur.
	—— —— Saint-Jean............		Les réfactions d'avarie se règlent par l'arbitrage de deux marchands en gros.
	—— —— filature d'Alais.........		*Nota.* Il existe dans le commerce de détail des usages particuliers qui ne sont pas de règle dans le commerce en gros.
	—— poil d'Alais..................		
	—— ovalées *idem*.................		
	—— grège Brousse................		
	—— poil *idem*.....................		
	—— ovalées *idem*.................		
	—— grenadines....................		
	—— Grenade......................		
	—— demi-Grenade...............		
	—— galette Piémont..............		
	—— ——— Zurich...............		
	—— fantaisie ordinaire...........		
	—— Bengale native..............		
	—— ——— régulière..........		
	—— de Canton....................		
Point.	SOIES de porc de France, échaudées	.....	En balles de toile, se vendent au poids brut pour net.
	——— — —— ———triées....	Nette.	
3 %	——— — —— de Saint-Pétersbourg	*Idem.*	Lorsqu'elles ne passent pas immédiatement à la consommation, pour éviter le dépotage, on prend la tare d'origine écrite et on la réduit en kilog. Le vendeur garantit la fausse tare.
	——— — —— d'Archangel, Pologne, etc........		L'avarie s'arbitre, ainsi que le dégât causé par les vers.
Idem.	SOUFRE brut.......................	Nette.	
	———— canons..................		
	———— fleurs.....................	*Idem.*	En futailles.
		Brute.	Pour nette, en balles.
Idem.	STIL de grains........................	Nette.	

ESCOMPTE des PAIEMENS.	MARCHANDISES.	TARES.	OBSERVATIONS.
3 %	SOUDES de France, factices et autres	Nette.	En futailles.
		Idem.	En vrac; se pèsent à nu.
	—— d'Espagne	15 kilo.	Par balle de 350 à 500 kilog. L'emballage composé de 4 essarions de jonc, sans toile.
		16 kilo.	Par balle, même emballage avec toile.
	—— de Sicile		
	—— — Romagne	Nette.	Soit en vrac, soit en futaille.
	—— — Ténériffe		L'assortiment de ces soudes doit être : $\frac{9}{10}$ en pierre dite *bitte*. $\frac{1}{10}$ en pousse. Cette pousse se livre ordinairement en futailles par le vendeur; et comme elle provient des froissemens de la marchandise par le transport, elle ne doit pas être criblée et peut contenir des pierres, même du poids d'un kilog., sans que le vendeur puisse les retirer pour les comprendre dans la portion de pierres ou bittes. L'excédant du $\frac{1}{16}$ de pousse supporte une réfaction de 25 %; mais le vendeur ne peut être contraint de livrer cet excédant.
2 %	STOCKFICH	.....	Se vend aux 100 kilog.
3 %	SUC de réglisse	Nette.	Tant de bois que de feuilles.
Idem.	SUCCIN	Nette.	
	SUCRE brut	.....	En futailles.
4 ½ p. %	—— —— de la Martinique		
	—— —— Guadeloupe		
	—— —— Saint-Domingue		
	—— —— Jamaïque		
	—— —— Sainte-Croix	17 %	En barriques.
	—— —— des autres Antilles	18 %	En tierçons et quarts.
	—— —— Cayenne		
	—— —— Havane		
	—— —— Bourbon		
	—— —— Ile Maurice		Les futailles de 400 kilog. et au-dessus sont qualifiées *barriques*. Elles ne peuvent avoir plus de 16 cercles à l'entour de la futaille, et deux à chaque bout, pour soutenir le fond, l'un intérieur et l'autre extérieur. Les futailles de 151 à 399 kilog. sont réputées *tierçons*.

ESCOMPTE des PAIEMENS.	MARCHANDISES.	TARES.	OBSERVATIONS.
			Les cercles sont admis comme pour les barriques. Les futailles de 50 à 150 kilog. sont réputées *quarts*. Elles sont à douze cercles à l'entour, plus les deux cercles de chaque fond. Toutes les barres, surcharges, plâtre sur toutes espèces de futailles, s'enlèvent avant la pesée ou s'arbitrent et se déduisent du poids brut. Il n'est point dû de réfaction pour la vidange des sucres bruts, si cette vidange n'excède pas 16 centimètres (6 pouces), dans les barriques, 11 *idem* (4 *idem*), dans les tierçons, 8 *idem* (3 *idem*), dans les quarts, à prendre du bord de la futaille. La tare d'usage sera bonifiée à l'acheteur en estimant que chaque pouce (27 millimètres) de vidange, au-dessous des mesures indiquées ci-dessus, représente : 20 kilo. *poids brut*, dans les barriques de sucre Jamaïque ou de forme semblable; 16 kilo. *idem*, dans les barriques de sucre Martinique et Guadeloupe, ou de forme semblable; 12 kilo. *idem*, dans les tierçons; 6 kilo. *idem*, dans les quarts.
4½ p. %	SUCRE brut de toute espèce.......	20 %	En futailles de vin de Bordeaux, sans barres.
		7 %	En sacs de simple toile à voile.
	——— de Bourbon........	5 kilo.	Par balle de 50 à 75 kilogrammes. En couffe de jonc, double emballage sans liens.
		6 kilo.	*Idem* 76 kil. et au-dessus. *Idem*.
	——— l'Ile Maurice.....	3 kilo.	*Idem* 50 à 75 kilogrammes. En couffe de jonc, simple emballage.
		4 kilo.	*Idem* 76 kil. et au-dessus. *Idem*. Le sucre en balles se pèse par 5 balles.
	——— du Brésil..........	18 %	En caisses, sans autre surcharge que 3 liens de fer d'origine.
3½ p. %	——— terrés et tête, en futailles, sans distinction de nuances, des colonies françaises......	13 %	Sur les barriques.
		14 %	Sur les tierçons et quarts.
			Les futailles de 400 kilog. et au-dessus sont qualifiées *barri-*

ESCOMPTE des PAIEMENS.	MARCHANDISES.	TARES.	OBSERVATIONS.
			ques. Elles peuvent être rebattues à 16 cercles extérieurs, plus un cercle de support par chaque fond. Les futailles de 150 à 399 kilog. sont qualifiées *tierçons* et peuvent être rebattues comme les barriques. Les futailles de 50 à 149 kilog. sont qualifiées *quarts*. Elles sont à 12 cercles extérieurs, plus un cercle de support par chaque fond.
3 ½ p. %	SUCRE terré Havane............	26 kilo.	Par caisse, au-dessous du poids de 200 kilog.
		13 %	En caisses du poids de 200 kilog. et au-dessus.
		14 %	En demi-caisses.
			Les caisses et demi-caisses seront sans autre surcharge que 3 liens de cuir et deux cercles de conditionnement.
	—— terré du Brésil............	17 %	En caisses, sans autre surcharge que 3 liens de fer d'origine.
	—— —— de la Vera-Crux.....	6 kilo.	Par balle, sans autre surcharge que la corde d'origine, un jonc intérieur et une toile de pître à l'extérieur.
	—— —— — l'Inde, Benarès....	18 %	En caisses d'environ 200 kilog. avec une légère toile intérieure et 2 liens de fer extérieurs.
		6 kilo.	En balles de 76 à 100 kilog. En double toile extérieure, plus une légère toile de coton intérieure, sans surcharge.
		5 kilo.	*Idem* 50 75 *id*. *Idem*. Se pèse par 5 balles.
	—— —— — Beerboom........	6 kilo.	Par balle de 75 à 80 kilog., en joncs intérieurs et un gunny. Se pèse par 5 balles.
	—— —— — la Cochinchine....	3 kilo.	En balle de 75 à 60 kilog. en simple jonc.
		4 kilo.	*Idem* 61 80 *id*. *Idem*.
		1 kilo.	Par balle de plus, en cas de double jonc. Se pèse par 5 balles.
	—— —— — Batavia..........	13 %	En canastres de tout poids et en paniers exempts de surcharge.
	—— —— — Manille..........	3 kilo.	Par balle. En balles de 40 à 50 kilog. en double emballage de jonc avec un lien de jonc. Se pèse par 10 balles à la fois.
3 %	SUCRE en pains des raffineries de Paris..........	Brute.	Pour nette avec papier et ficelle. Le papier et la ficelle ne doivent pas excéder : 5 % du poids brut, sur les pains de 5 à 6 kilog. dits 4 cassons. 6 % sur ceux de moindre poids. 3 % sur les sucres d'un poids supérieur, tels que ceux dits *Lumps*.

ESCOMPTE des PAIEMENS.	MARCHANDISES.	TARES.	OBSERVATIONS.
			Les sucres destinés à l'exportation sont livrés à 4 % de papier et ficelle, taux fixé par la douane. Dans les raffineries de Paris, les futailles et l'emballage sont à la charge de l'acheteur.
3 %	SUCRE en pains d'autres raffineries.	Brute.	Pour nette, tels qu'ils se comportent, avec papier et ficelle pesés sur plateau. Lorsque ces sucres sont en futailles, l'emballage reste à l'acheteur.
	—— pilé.	Nette.	En caisses ou futailles.
	—— de Paris, bâtarde	*Idem.*	Sans papier.
	—— —— vergeoise		
Point.	SUIF de Paris	Nette.	S'achète pour livrer à la huitaine: Le fondeur livre la marchandise nue chez l'acheteur qui lui paye pour le port 30 centimes par 100 kilog. L'acheteur fournit les futailles s'il désire emballer, et fait transporter à ses frais.
	—— des départemens	*Idem.*	On vérifie la tare des futailles, qui demeurent à l'acheteur.
	—— des Pays-Bas, en pains ou en futailles		
3 %	—— de Russie, blanc	12 %	Les futailles, barriques, ou tines en bois blanc, sont de 400 à 460 kilog.; on alloue 14 cercles, dont 12 sur la pièce, et deux pour soutenir les fonds. Les surcharges et barres s'enlèvent avant la pesée ou sont arbitrées.
	—— —— jaune		
	—— Buenos-Ayres, en futailles	Nette.	
	—— —— en surons de cuir	4 %	
Idem.	SULFATE de potasse	Nette.	
	—— soude		
	—— magnésie		
Idem.	SUMAC de Sicile	Brute.	Pour nette, en simple toile.
	—— Malaga		
	—— d'Avignon		

ESCOMPTE des PAIEMENS.	MARCHANDISES.	TARES.	OBSERVATIONS.
3 $\frac{0}{0}$	TAMARINS	Nette.	
	TANNERIES	Nette.	
	Cuirs tannés à la juzée —— —— à l'orge —— —— en croute	.....	Au poids.
	Agneaux en mégie Moutons *idem*	.....	Aux 104 peaux pour cent.
	Moutons maroquinés	.....	A la douzaine.
	Tiges de bottes en cheval —— — —— — veau	.....	A la paire.
2 $\frac{0}{0}$	Veaux cirés pour bottes et souliers —— à revers —— corroyés pour cardes et mécaniques	.....	A la douzaine.
	Dito à la française, blancs et noirs Chèvres corroyées	.....	Au poids.
	—— maroquinées Bœufs pour sellerie Vaches *idem*	.....	A la pièce.
	Bœufs corroyés à la française Vaches *idem* Cheval corroyé	.....	Au poids.
3 $\frac{0}{0}$	TARTRE brut rouge —— —— blanc	Nette.	
Idem.	TEINTURES préparées, non dénommées	Nette.	
Idem.	TÉRÉBENTHINE de Bordeaux	.....	Se vend à la barrique de jauge bordelaise.
	—— —— Suisse	16 $\frac{0}{0}$	En futailles.
	—— —— Venise	Nette.	
1 $\frac{1}{2}$ p. $\frac{0}{0}$	TISSUS	.....	Se vendent à l'aune.
3 $\frac{0}{0}$	TOURNESOL en pains	Nette.	
Idem.	TRIPOLI léger —— lourd	Nette. 10 $\frac{0}{0}$	En futailles.

ESCOMPTE des PAIEMENS.	MARCHANDISES.	TARES.	OBSERVATIONS.
	THÉ Bohé	35 kilo.	Par caisse de 185 kilog.
		13 kilo.	
	— Congo	13 kilo.	
	— Pekao		
	— Soatchong	12 kilo.	
	— Tonkay		
8 $\frac{2}{3}$	— Perlé		Par quart de caisse.
	— Impérial	10 kilo.	
	— Junior		
	— Poudre à canon		
	— Hyswen	9 kilo.	
	— Hyswen-Skin		
			La tare de toutes les subdivisions, telles que huitièmes, seizièmes et trente-deuxièmes de caisse, se règle proportionnellement.
3 $\frac{1}{3}$	VANILLE	Nette.	Se pèse au décagramme.
Idem.	VERDET	Nette.	Les poches se pèsent brut pour net.
	VERMILLON. *Voir* CINABRE.		
Idem.	VITRIOL bleu	Nette.	

ESCOMPTE des PAIEMENS.	MARCHANDISES.	TARES.	OBSERVATIONS.
2 %	VINS de liqueurs		
	— étrangers		
	— du Roussillon	.....	Au litre ou à la velte, ancienne mesure de 7 litres $\frac{61}{100}$.
3 %	— de Saint-Gilles		
	— — Roquemaure		
	— — Saintonge	.....	A la pièce contenant environ 198 litres.
2 %	— — Gaillac	.....	*Idem* de 205 à 213 litres.
	— — Renaison		
	— — Mâcon	.....	*Idem* 213.
	— — Marseille		
3 %	— — Bandolle		
	— — Toulon		
	— — Bordeaux	.....	*Idem* 220 à 228.
	— — Cahors		
	— — Pouilly		
	— — Sancerre		
	— — Haute-Bourgogne		
	— — Saint-Pourçain	.....	*Idem* 228.
2 %	— — Nantes		
	— — Orléans		
	— — Blois		
	— — Anjou	.....	*Idem* 228 à 236.
	— — Saumur		
	— — Cher	.....	*Idem* 243 à 250.
	— — Joigny		
	— — Basse-Bourgogne	.....	Au muid de 274 litres ou en feuillettes de 137.

ESCOMPTE des PAIEMENS.	MARCHANDISES.	TARES.	OBSERVATIONS.
3 ⅔	ZINC en plaques.................. —— laminé..................	Nette.	

Présenté à l'approbation de la Chambre de commerce de la ville de Paris et du Tribunal de commerce du département de la Seine, le 15 Mars 1824.

Les Syndic et Adjoints des Courtiers de commerce et des Courtiers d'assurances près la Bourse de Paris,

Signé ARCHDEACON, *Syndic*,

CAMINET, DUFRESNE, P. JUGLAR, CH. PREVOST, BISSON aîné, FRÉD. LEBARON, *Adjoints*.

Vu et approuvé par la Chambre de commerce de Paris.

Les Membres de la Chambre,

Signé A. ODIER, *Président*,

R. VASSAL, *Secrétaire*.

Approuvé par délibération du Tribunal de commerce du département de la Seine, en date du 8 Octobre 1824.

Signé HACQUART, *Président*,

CALLAGHAN, PUGET, AUBÉ, GUYOT, DUBOIS, CHARON, AUDENET, FLAHAULT, LAMAILLE, LEDIEN, LAFAULOTTE, GANNERON, LEBOEUF, LABBÉ, BERGASSE, TILLIARD-VIRY, *Juges*.

Pour expédition :

Signé BUFFIN, *Greffier*.

Le Ministre de l'Intérieur, vu l'approbation donnée au présent Réglement pour les escomptes, usages et tares des marchandises, par le Tribunal de commerce du département de la Seine et la Chambre de commerce; après avoir pris l'avis du Conseil général de commerce établi près le ministère, approuve ledit Tableau pour être publié par la voie de l'impression et servir de règle dans les transactions commerciales sur la place de Paris seulement.

Paris, le 9 Décembre 1824.

Le Ministre de l'Intérieur,

Signé CORBIÈRE.

ASSURANCES
SUR
LA PLACE DE PARIS.

Les conditions auxquelles sont ordinairement souscrites les assurances faites sur la Place de Paris, devant intéresser le commerce, on donne ci-après la copie des polices en usage, soit à la Compagnie d'Assurances générales, soit auprès des assureurs particuliers.

On observera que la Compagnie signe aussi les risques de guerre.

Compagnie
d'Assurances Générales.

Assurance — N°

sur l — F.

Capitaine — à %. F.

La Compagnie d'Assurances Générales

Assure à M demeurant

à

agissant pour compte

la somme de

sur

navire sous pavillon

Capitaine ou tout autre à sa place reçu ou non reçu

pour le voyage d

aux Conditions générales ci-après stipulées :

Article 1er. *Le risque sur les marchandises court du jour où elles ont été chargées, jusqu'au jour où elles ont été mises à terre au lieu de leur destination.* Les risques d'alléges, tant à l'embarquement qu'au débarquement, sont à la charge de la Compagnie.

Les risques sur corps courent du moment où le navire a commencé à prendre charge, et se terminent vingt-quatre heures après qu'il est ancré ou amarré au lieu de sa destination.

Les risques de quarantaine ne sont à la charge de la Compagnie qu'autant qu'il y a convention expresse. *A défaut de cette convention*, les risques couverts par la présente police sont terminés du moment où le navire a été déclaré en quarantaine.

Art. 2. La Compagnie prend à ses risques toutes pertes ou dommages provenant de tempête, naufrages, échouement, abordage fortuit, relâches forcées et changemens forcés de route, de voyage ou de vaisseau, jet, feu, pillage, tous arrêts ou captures de pirates, ou de sujets des puissances barbaresques, baratterie de patron, et généralement tous accidens et fortune de mer.

Le défaut ou l'irrégularité des pièces légales qui doivent servir à justifier la demande de l'assuré ne peut être compris dans le cas de baratterie, et la Compagnie ne garantit pas à l'armateur la baratterie du capitaine qu'il a choisi, et dont il est responsable.

Art. 3 La Compagnie est exempte de tous risques de guerre, hostilités, représailles et arrêts de princes de gouvernemens reconnus ou non reconnus, ainsi que de tous événemens résultant d'un commerce clandestin ou de contrebande.

Art. 4. Si l'assurance est faite sur navires indéterminés, l'assuré est tenu de faire connaître le nom du navire, au plus tard, dans six mois pour les voyages au-delà du cap de Bonne-Espérance et du cap Horn; dans quatre mois, pour les autres voyages de long cours; dans deux mois, pour les voyages de grand cabotage, et dans un mois pour ceux de petit cabotage; le tout à partir de la date de la police; faute de quoi, la police est nulle de plein droit, et il est payé à la Compagnie un pour cent de droit de ristourne.

Art. 5. Si la présente assurance porte sur des navires partant d'Europe, la prime convenue est augmentée de un pour cent dans le cas d'un retard de trois mois dans le départ, de deux pour cent dans le cas d'un retard de six mois; passé ce second délai, la police est nulle de plein droit, et l'augmentation de deux pour cent est acquise à la Compagnie à titre de ristourne.

Art. 6. Dans tout autre cas donnant lieu au résiliement de tout ou partie de la somme assurée, il est payé à la Compagnie un droit de ristourne d'un demi pour cent.

Art. 7. Il est convenu que si l'assurance est faite en prime liée sur un navire destiné pour les Indes Orientales ou Occidentales, ou pour la mer du Sud, il est accordé au capitaine, soit en temps de paix, soit en temps de guerre, **six mois de séjour**, à compter du jour où il aura abordé dans un port de sa destination; qu'à l'expiration de ce terme il est payé à Compagnie une augmentation de demi pour cent pour chaque mois de séjour en sus; mais, après douze mois de séjour, la Compagnie est déchargée de tous risques, tant sur le navire que sur la marchandise, et elle a droit aux deux tiers de la prime liée fixée par la présente police, plus à l'augmentation de prime résultant de la prolongation de séjour.

Art. 8. Sont francs d'avaries particulières les fruits verts et secs, les fromages, les glaces, les laines en suint, le sel, les verreries, les liquides en bouteilles, les porcelaines, les plumes, et les marchandises sujettes à la rouille.

La Compagnie est également exempte des avaries provenant du vice propre de la chose assurée.

Art. 9. Dans le cas d'avaries particulières sur marchandises, ou de coulage extraordinaire sur les liquides, la Compagnie ne paiera que l'excédant de :

TROIS POUR CENT SUR LES	CINQ POUR CENT SUR LES	DIX POUR CENT SUR LES	QUINZE POUR CENT SUR LES
Beurre.	Cacao en futailles.	Alun.	Blé.
Bois de teinture.	Café en sacs ou balles.	Alizari.—Amidon.	Cacao en grenier.
Café en futailles.	Cannelle.	Cacao en sacs ou balles.	Farines en sacs.
Coton.	Clous de girofle.	Café en grenier.	Graines et grenailles.
Draperies.	Cochenille.	Cuirs secs et peaux.	Légumes secs.
Laines lavées.	Garance en futailles.	Chanvre et lin.	Salpêtre.
Métaux.	Gingembre en futailles.	Farines en barils.	Tabacs en balles.
Piment en barils.	Gomme en futailles.	Gingembre en sacs.	
Savon.	Indigo.	Gomme en sacs ou grenier.	
Thé.	Piment en sacs.	Livres.—Papiers.	
Toileries.	Poivre.	Poissons secs et salés.	
	Riz en futailles.	Poivre en grenier.	
	Sucre en futailles ou caisses.	Potasse.	
		Riz en sacs.	
		Soude.	
		Sucre en sacs ou balles.	
		Sumac.	
		Tabacs en boucauts.	
		Huiles, Esprits.	
		Vins, eau-de-vie et autres liquides.	

La quotité d'exemptions d'avaries sur les marchandises non désignées au tableau précédent, est de cinq pour cent, et la Compagnie n'en paie que l'excédant. Elle est exempte du coulage ordinaire sur les liquides qu'il est convenu par la présente de fixer à deux pour cent pour le petit cabotage, à quatre pour cent pour le grand cabotage, et à dix pour cent pour les voyages de long cours.

Art. 10. La Compagnie ne paie que l'excédant de trois pour cent pour les avaries sur corps de navire; pour compenser la différence entre le neuf et le vieux, il est fait un tiers de rabais sur les objets qui remplacent ceux brisés ou détériorés par fortune de mer, ainsi que sur tous les effets, fournitures, ouvrages et main-d'œuvre dont le coût est dûment justifié. LES ANCRES SONT SEULES EXCEPTÉES DE CETTE RÉDUCTION.

En cas d'avaries particulières sur les NAVIRES FAISANT LES VOYAGES DE LA PÊCHE, *dans quelque lieu que ce soit*, la Compagnie est exempte de la perte des câbles, ancres et ustensiles de pêche pendant le mouillage auxdits lieux.

Art. 11. Dans le cas D'AVARIES GROSSES OU COMMUNES, la Compagnie ne paie que l'excédant de trois pour cent.

Les avaries grosses ou communes ne peuvent jamais être cumulées avec les avaries particulières, non plus que celles d'aller et de retour; elles sont réglées séparément, et les retenues sont faites sur chaque espèce d'avaries.

Toutes avaries survenant tant en France que dans l'étranger, soit sur corps, soit sur marchandises, sont réglées suivant les lois *françaises et les usages de la place où la présente police a été souscrite*, en quelque lieu que le règlement en ait été fait.

Les frais de quarantaine ne sont point à la charge de la Compagnie.

Les franchises stipulées aux articles 9, 10 et 11, sont toujours calculées sur le montant des sommes assurées.

Art. 12. Par dérogation expresse à l'article 369 du Code de Commerce, le délaissement ne peut être fait, savoir :

Pour le corps du navire, que dans le cas de naufrage, d'échouement avec bris qui le rendrait innavigable, ou dans le cas d'innavigabilité, par toute autre fortune de mer survenue pendant le voyage assuré par la présente police. La Compagnie ne répond point de l'innavigabilité provenant de vétusté;

Pour le chargement, que dans le seul cas de perte ou détérioration des objets assurés, si la détérioration ou la perte excède les trois quarts de leur valeur. Les frais faits pour opérer le sauvetage et la bonification ne peuvent être ajoutés à la perte ou à la détérioration pour donner droit au délaissement.

A défaut de nouvelles du navire, le délaissement ne peut être fait que dans les délais fixés par la loi.

Art. 13. La prime de la présente assurance est fixée à pour cent, et a été payée

Art. 14. Toutes pertes à la charge de la Compagnie sont payées comptant, sous escompte de trois pour cent, après la justification et le règlement du sinistre, au porteur de la présente police, muni des pièces justificatives, sans exiger de procuration. Les avaries seront payées comptant, sans escompte, après le règlement.

Dans aucun cas la Compagnie ne peut être tenue de payer au-delà de la somme assurée.

Art. 15. La présente assurance est faite sur bonnes ou mauvaises nouvelles, les parties renonçant réciproquement à la lieue et demie par heure.

Ainsi fait et convenu pour être exécuté franchement et de bonne foi.

Place de Paris.

Police. 2 fr.

Police d'Assurance de f. Prime p. %.
sur le Navire Capitaine
d à

Les soussignés, chacun en leur nom et sans aucune espèce de solidarité entre eux, Assurent à M
agissant pour *compte*

aux Conditions générales ci-après stipulées :

1° Le risque sur les marchandises commence à l'instant où elles ont été ou seront chargées et continuera jusqu'à ce qu'elles aient été mises à terre à bon sauvement, là où finira le voyage ; les risques d'allèges sont à la charge des Assureurs.

Le risque sur corps court du moment où le navire aura commencé à prendre charge, ou s'il est sur lest, de l'instant où il aura démaré du port, et se terminera vingt-quatre heures après qu'il sera ancré ou amarré au lieu de sa destination.

Les risques de quarantaine ne seront à la charge des assureurs qu'autant qu'il y aura convention expresse.

2° Les Assureurs prennent à leurs risques toutes pertes ou dommages provenant de tempête, naufrage, échouement, abordage fortuit, relâches et changemens forcés de route, de voyage ou de vaisseau, jet, feu, pillage, tous arrêts, capture ou molestation de pirates, de *sujets* des puissances barbaresques et de sujets des gouvernemens non reconnus par les puissances de l'Europe; baratterie de patron, et généralement tous accidens et fortune de mer.

3° Les Assureurs sont exempts des risques de guerre, hostilités, représailles et arrêts de princes ou de *gouvernemens quelconques*, reconnus ou non reconnus, ainsi que de tous événemens résultant d'un commerce clandestin ou de contrebande, en France ou dans l'étranger.

4° Seront francs d'avaries particulières, les fruits verts et secs, les fromages, les glaces, les laines en suint, les verreries, les liquides en bouteilles, les porcelaines, les faïences et autres objets fragiles, les plumes, et les marchandises sujettes à la rouille, excepté lorsqu'il y aura échouement, auquel cas la franchise pour les Assureurs sera de vingt pour cent.

Les Assureurs sont également exempts des avaries provenant du vice propre de la chose assurée.

5° Dans le cas d'avaries particulières sur les marchandises, ou de coulage extraordinaire sur les liquides, les Assureurs ne paieront que l'excédant de :

TROIS POUR CENT SUR LES		CINQ POUR CENT SUR LES		DIX POUR CENT SUR LES		QUINZE POUR CENT SUR LES
Beurre. Bois de teinture. Café en futailles. Cannelle. Cochenille. Coton. Clous de Girofle. Draperies.	Indigo. Laines lavées. Métaux. Piment en barils. Savons. Thé Toileries. Marchandises sèches.	Alizari. Aluns. Cacao en futailles. Café en sacs ou balles. Garances en futailles. Gingembre en futailles.	Gomme en futailles. Piment en sacs. Poivre. Riz. Sucre en futailles ou caisses.	Amidon. Cacao en sacs ou balles. Café en grenier. Cuirs secs et peaux. Chanvre et lin. Farines en barils. Grains et graines Gingembre en sacs. Gomme en sacs ou grenier. Livres, papiers.	Poissons secs et salés. Poivre en grenier. Sucre en sacs ou balles. Sumac. Tabacs en boucauts. Huiles. Vins. Eau-de-vie et autres liquides.	Cacao en en grenier. Farines en sacs. Légumes secs. Tabacs en balles. Soude. Potasse.
						VINGT POUR CENT SUR LES
						Sel. Salpêtre.

Il est convenu qu'en cas d'avaries particulières sur les marchandises non désignées au tableau ci-dessus, les retenues seront exercées comme sur celles avec lesquelles elles auront le plus de rapport.

Les franchises stipulées au tableau précédent ne seront exercées qu'en cas d'altération de qualité ou quantité; quant aux avaries se composant de frais et dépenses, il ne sera exercé que la retenue de trois pour cent : cette disposition est applicable aux marchandises franches d'avaries.

6° Les Assureurs ne paieront que l'excédant de trois pour cent pour les avaries sur corps de navire : ne seront admis, dans le compte de ces avaries, que les objets qui remplaceront ceux brisés ou détériorés par fortune de mer, pendant le cours du voyage assuré, et tous les effets, ouvrages de cette nature et main-d'œuvre (les ancres exceptées) supporteront un tiers de rabais sur leur coût justifié, pour compenser la différence entre le neuf et le vieux.

En cas d'avaries particulières sur les navires faisant les voyages de la pêche, les Assureurs sont exempts de la perte des câbles, ancres et ustensiles pendant le mouillage aux lieux de pêche.

7° Dans le cas d'avaries grosses ou communes, les Assureurs ne paieront que l'excédant de trois pour cent.

Les avaries grosses ou communes ne pourront jamais être cumulées avec les avaries particulières, non plus que celles d'aller et de retour; elles seront réglées séparément; et les retenues seront faites sur chaque espèce d'avaries et par chaque voyage.

Toutes avaries sur navires français ou étrangers, soit sur corps, soit sur marchandises, seront réglées suivant les lois et usages de France, en quelque lieu que le réglement soit fait.

Les frais de quarantaine ne sont point à la charge des Assureurs.

Les franchises stipulées aux articles 5, 6 et 7 seront toujours prélevées sur le montant des sommes assurées.

8° Le délaissement ne pourra être fait, savoir :

Pour le corps du navire, que dans le cas de naufrage, d'échouement avec bris qui le rendrait innavigable ou d'innavigabilité par toute autre fortune de mer ;

Pour le chargement, que dans le cas de perte ou détérioration des objets assurés, si la détérioration ou la perte excède les trois quarts de leur valeur.

A défaut de nouvelles des navires, l'abandon pourra être fait, après deux ans, pour les voyages au-delà des caps de Horn et de Bonne-Espérance ; après un an, pour tous autres voyages de long cours et de grand cabotage, et après six mois, pour le petit cabotage, à compter du jour du départ, ou du jour auquel se rapporteront les dernières nouvelles reçues.

9° La prime de la présente assurance est fixée à pour cent et a été payée.

10° Toutes pertes, à la charge des Assureurs, seront payées, quinze jours après la justification du sinistre, au porteur de la présente police, dûment endossée, sans exiger de procuration, s'il est aussi porteur des pièces justificatives.

Les avaries seront payées immédiatement après le réglement agréé.

Dans aucun cas, les Assureurs ne peuvent être tenus de payer au-delà de la somme assurée.

11° Toutes contestations entre les Assureurs et les Assurés, pour l'exécution de la présente police, seront jugées par deux arbitres amiablement nommés par chacune des parties, lesquels arbitres, en cas de partage, auront la faculté de choisir un tiers-arbitre.

12° Les Assureurs et les Assurés s'engagent en outre à se conformer aux lois et réglemens maritimes en ce qui n'y est pas dérogé par la présente.

La présente assurance est faite sur bonnes ou mauvaises nouvelles, pour être exécutée franchement et de bonne foi, renonçant réciproquement à la lieue et demie par heure.

13° Après la notification d'un abandon ou la présentation d'un réglement d'avaries accompagné des pièces justificatives, les signataires de la présente police, s'ils excèdent le nombre de trois, seront convoqués pour former une commission de trois membres, chargée d'examiner la demande. Si cette commission décide d'y faire droit, sa décision sera obligatoire pour tous les Assureurs ; dans le cas contraire, elle en prévient les assurés. Sa décision devra être prise dans les quinze jours de la demande.

Toute notification de sinistre, ou demande en réglement d'avarie, sera faite au secrétaire du cercle des Assureurs particuliers.

Fait, arrêté et convenu entre les parties, par l'entremise de M. Courtier Royal près la bourse de Paris.

Paris, le

www.ingramcontent.com/pod-product-compliance
Ingram Content Group UK Ltd.
Pitfield, Milton Keynes, MK11 3LW, UK
UKHW021508260726
13993UKWH00004B/1602